অলিভ গ্রিন

পার্থ প্রতিম বিশ্বাস

editionNEXT
editionNEXT, Kolkata, India
www.editionnext.com

"Olive Green" :: A Collection of Bengali Poems by Partha Pratim Biswas

International(USA) Edition

Cover: Uday Bhattacharyya

First Edition: February 2025

Publisher: Mousumi Bhattacharyya
FD 16/1, Baguiati, Kolkata- 59
Website: editionNEXT.com
Facebook: facebook.com/editionnext
Twitter: twitter.com/editionnext
eMail: Link "Contact Us" in editionNEXT.com

উৎসর্গ

In Memory of My Friend, Philosopher, and Guide, Late Sankar Biswas

It was by God's grace that we first met in 1980 and became friends. Over the years, people began to see us as brothers. He served in the Indian Air Force, while I pursued my education, first at a degree college and later at a law college. In 2002, he returned to his native village after retiring as a Junior Commissioned Officer. By that time, I had begun my career as an advocate. He remained unmarried, while I got married in 2001. During his early years, my son started calling him "Gom Jethu," and from then on, he became an integral part of our family.

He was a science student, excelling in physics, and never believed in palmistry. However, he would occasionally mention that he would die at the age of 57.

Sankar Biswas was a remarkable human being who carried out many duties that most of us would find impossible. In his final years, he served as a school teacher under the Government of West Bengal. He was born on February 4, 1965, and left for his heavenly abode on December 4, 2021.

I have lost my friend, philosopher, and guide forever.

ভূমিকা

রবীন্দ্রনাথ ঠাকুরের বই যদি পন্চাশ কোটি বিক্রি হয় তাহলে আমার বই হয়তো পাঁচশো কপি বিক্রি হবে এবং সেটুকু হলেই আমি খুশী। ছাপা অক্ষরের লোভে লেখার ইচ্ছাটাকে কোনোদিনও দমাতে পারিনি।

'অলিভ গ্রিন' আমার দ্বিতীয় বই এবং প্রকাশকের স্বস্নেহ ভালোবাসায় সেটা পাঠকের কাছে পৌঁছাতে পেরেছি। এই বই সংগ্রহের পর তার ভেতরে যা কিছু লেখা আছে, সেসব পড়ে পাঠকের যদি ভালো লাগে, দাগ কাটে মনে, তাহলেই আমার কলমের স্বার্থকতা। নিজের সর্বোচ্চ দিয়েই চেষ্টা করেছি মনের গহীনে জমে থাকা শব্দগুলোকে প্রকাশ করতে।

সৌভাগ্য, আমার জন্মদিন পঁচিশে বৈশাখ। একদা এক সূর্যপুত্রের ছোঁয়ায় সে দিনটা বাঙালি জাতির কাছে পবিত্র দিন হিসাবে পরিগনিত হয়ে গেছে বহুকাল আগে থেকেই। নিজেই নিজেকে পুরস্কৃত করার চেষ্টায় সেই মনের ঠাকুরের চরণে প্রণাম জানিয়ে 'অলিভ গ্রিন' এর যাত্রা শুরু করলাম।

নিজনিজ জীবনের লড়াইয়ে সদাব্যাস্ত পাঠকের হাতে বইটাকে ছেড়ে দিলাম। পাঠক বইটি পড়ার পর তার মন্তব্য আমাকে ইমেইল (partha66advocate@gmail.com) করে পাঠাতে পারেন। সুচিন্তিত সেসব মতামত আমাকে অবশ্যই সমৃদ্ধ করবে এবং ভবিষ্যত লেখার গতিপ্রকৃতিকে পরিচালনা করবে। মন্তব্য পাঠানোর জন্য অবশ্যই পাঠকের কাছে কৃতজ্ঞ থাকবো।

সব শেষে আবারও বলছি, সবটা পারিনা এবং পারিনি। তবে নিজের সবটা দিয়েই চেষ্টা করেছি। পাঠকরা পাশে থাকলে একদিন নিশ্চিত পারবোই, এই স্বপ্ন দেখি।

পার্থ প্রতিম বিশ্বাস
ইমেল: partha66advocate@gmail.com

সূচিপত্র

জন্ম বৃত্তান্ত

চাঁদের কাছে একশো ঋণ
একশো দাবী মেনে,
জন্মের পর চাঁদকে সাক্ষী রেখে
চাঁদের কণাও জানে।

শুক্রাণুদের গিজগিজ ভীড়ে
আমিও একজন,
কি কষ্টে যে ডিম ভেঙেছি
ভোলেনি সুক্ষ মন।

একটা বছরও সময় পাইনি
পাশ করে আমি চাঁদ,
পাশ ফিরে দেখা পরম স্বজন
দুর থেকে হাসে ফাঁদ।

সেই কবে থেকে বংশ প্রদীপ
জ্বলজ্বল করে ওঠে,
বংশধরেরা নাম হাতিয়ে
কাঁঠালি সর্বঘটে।

এগিয়ে চলছে আলোকবর্ষ
ঘরেই উত্তরাধিকার,
সেও যদি চায় নাম ভোলাতে
দোষ কি বলো তার!

সুযোগ পেলেই গাছের পাতায়
পোকা হয়ে জন্মাবো,
নেই বংশ নেই ঠিকানা
মরেও সুখ পাবো।

প্রিয়তমা

তোমার কি একারই বলার আছে,
আমি কি তাহলে পাথর?
জানো, জন্মের পর থেকে প্রতিদিন
নৈশব্দের আর্তনাদে বেঁচে থাকে পাথর?

ঘাতপ্রতিঘাতে রঙ রুপ বদলে যায়
কিংবা পেটের ভেতরে জমে যাওয়া কাঁকর
ঝিনুকের মাঝে মুক্ত নাকি মুক্তের চারিদিকে ঝিনুকের চাদর

ভালোবাসতে গিয়ে
আমিও কাঁকর গিলেছি অনেক
অসহ্য যন্ত্রণায় ঘুম আসেনা রাতে
অপরাধ কার, সেসব বোঝে আমার বিবেক।

তোমার গতিপথে আমার তৃতীয় নয়ন
বারবারই খেয়েছে ঘুর্ণিপাক
কখনও অন্য পোষাক কখনও নতুন মানুষ
তোমায় ঘিরে আছে বর্ম আর লৌহকপাট।

আমি তো অর্থ চাইনি
তবুও অর্থ বুঝিনি এই রঙধনুর
কে কখন কেন এলো আমাদের মাঝে
কেটে দিতে সব সুর।

শিকড়ের টানে নাকি শিকড়হীন
আমাদের উপেক্ষিত ভালোবাসা
অস্পৃশ্যতার চাদরে মোড়া বর্ণহীন
সব পাওয়ার স্বপ্ন পথ ভুলে হারালো ভাষা।

জানি বলবে না
জানি উত্তর এলেও সেসব দিশাহীন
তবুও ভালো থেকো প্রিয়তমা
আমার অন্ধকার তোমাকে করুক রঙীন।

আইনের হাত

আইন হাতে নিয়ে আইনের হানা
হানা দেয় দেশ শাসক,
কোথায় কি আছে খুঁজে দাও সব
সেসবে আমাদেরই হক।

অপরাধ রুখতে আইন
নাকি অপরাধীর জন্য সেসব,
আদালত চলে গুরুগম্ভীর
আড়ালেতে হাসে শব।

দেশবিদেশে আইনের হাত
আঙুলের আকার নেয়,
সেই ফাঁক গলে অপরাধী চলে
মানুষেরা চুপ রয়।

কত কথা ওড়ে আকাশে বাতাসে
কত জ্ঞানী আসনে বসে,
সবার উপরে অজ্ঞান থাকে
লাভের হিসাব কষে।

মহারাজাধিরাজ যদি ব্যাথা পায়
নতুন আইন আসে,
প্রজারা ছাড়া রাজাই অচল
হৃদয় কি সে কথা পোষে?

হল্লারাজার হল্লাগাড়ি
শতাব্দী প্রাচীন মন,
আকাশের রঙে আইন সাজুক
বজ্র কঠিন ধন।

এই অবেলায় এখনও যদি
মন না পোক্ত হয়,
যা কিছু ভাবি সব হাবিজাবি
অনিষ্ট এই সময়।

স্বপ্নের ডানা

কোনো একদিন
আকাশ বাতাস জুড়ে রিমঝিম,
দাসত্বের শৃঙ্খল ছিঁড়ে
গনতন্ত্র ফিরে এসেছে।

কোনো একদিন
বিষ্ণুর সপ্তম অবতারের ঘোষণা
আর নয় অযোধ্যা
এবারের ভারতবর্ষ জুড়েই রামরাজ্য।

কোনো একদিন
হনুমান স্বেচ্ছায় শিবের বেশে
সৃষ্টির আদিম আবেশে
ব্রহ্মাস্ত্র ছাড়াই প্রধান সেনাপতি।

কোনো একদিন
সিন্ধু নদের দুই তীরেই তীব্র জল্পনা
অখণ্ড ভারতের পতাকা কাঁধে
আপামর ভারতবাসী।

কোনো একদিন
এমনটাই যদি হয়
ধর্ম নয় দেশ, উধাও বিদ্বেষ
মানুষই ধর্ম এবং গনতন্ত্রে বিশ্বাসী।

চলো পালাই

চারিদিকে বিয়ের ধুম
আমি একাই নিঃঝুম
আসতো যদি আবারও ফিরে
পঁচিশ কিংবা সাতাশ
ঝেড়ে সব হাহুতাশ
দেখিয়ে দিতাম, মাকালীর কিরে...

ধরা যাক, সে ফিরে এসেছে
বাবু...., না থাক, নামটা বলবো না
তোমারও'তো কুঁড়ি হয়েছে!
গুলি মারো কলেজ ক্লাস
আমাদের প্রেম নয়"তো লাশ
চলো পালাই,
এলবিডব্লু হওয়ার আগে
কিছু করে দেখাই।

আমডাঙা ঘুরে দীঘার পথ
লজঝড়ে বাস আর ধুকপুক
জানলা দিয়ে আকাশ দেখো
পুলিশ দেখে কাজ নেই।
প্রেমের জ্বালা প্রেমীরাই বোঝে
বোকা পুলিশ
প্রেম না করে আমাদের খোঁজে।
ওরা হেরে যাবেই
সাথে যে 'লোকেশন' নাই।

চিঠি লিখো বাবার কাছে
যার বুকে প্রেম তারই সাজে
তোমার টাকার ভাগ আমি চাইনা,
ভেবে দেখো নিজের কথা
মা'কে দেওয়া অমন ব্যাথা,
এখনও যদি মন না কাঁদে
অমন বাবা আমি মোটেও চাইনা।

বছর দুই কাটলে পরেই
তোমার পেটে আমি,
উত্তরাধিকার এবং
সব উত্তরের অধিকার
আসবে আমাদের অন্তর্যামী।
কথা বলো প্লিজ, চুপ থেকো না
এত কষ্ট যে আর সয়না,
শপথ করো, ঘুম ভাঙলেই
জড়িয়ে ধরে হামি।

জীবনের যৌবন

দেখেছো কি কখনও
তরুণ ঝাউ অথবা সটান দেবদারু
বুক চিরে দেখেছো কি
সবুজ সতেজ মন, তাজা যৌবন
ফাঁসির দড়ি অথবা
ভেসে যাওয়া কুকুরটাকে...
তাল গাছ বেয়ে আকাশচুম্বী
ফল নয়, দায়িত্বের দাবিপূরণ।

ক্ষুদিরাম হয়ে ভগত সিং
ময়দানে সদলবলে
দুহাত আকাশে তুলে
কথা বলা জ্বলজ্বল দুটো চোখ
ক্যামেরার চোখে ধরা পড়া জংলী হরিণ।

কতই বা সংখ্যা ওদের
তবুও ওরা আসে হাজারে লাখে।
রিলে রেসের ব্যাটনটা অপেক্ষায় থাকে
বেয়নেট গুলি টোটা
আরও যত চক্র এবং বিষ ধোঁয়া সরিয়ে
ওটাকে ছুঁড়ে দাও
ছুঁতে দাও তোমার স্বপ্ন,
তোমার পৃথিবী যেন অবিকল
তোমার মতোই থাকে।

একটা সবুজ পৃথিবী
একটা সুনীল আকাশ
জীবনের ভীড় সরিয়ে যতটুকু অবকাশ
পাখিদের কাকলি, ফল ফুলের সুবাস।
পরমাণু হয়ে হৃদয়ে প্রবেশ করো
খুঁড়ে আনো তোমার সবুজ স্বপ্ন,
তুলে দাও যৌবনের হাতে
তবেই স্বার্থক তোমার পরবাস।

মুখোমুখি

আরোপিত সভ্যতা
অথবা ভিন গ্রহের গান,
তোমার ঘূণ ধরা চেহারায় রঙ বদলায়,
বদলায় মান অভিমান।
যন্ত্রণা তোমার রক্তে
রক্তাক্ত জন্মভূমি,
তবুও আয়নায় পর্দায়,
সর্বত্র ভালো আছো তুমি।
কিন্তু তোমার ধর্ম!
মাতৃ জঠরেই যা ছুঁয়েছিলো
তোমার শরীর,
সবকিছু মুছে ফেলা!
তুমি কি অত্ত বড় বীর?
ভাবো, ভেবে বলো পার্থ প্রতিম
সময় বড্ড কম,
হয়তো আরও দু'একটা দিন...

পেটের দাবি

দাবানল দেখেছো কখনও?
বেকারের বুকের যন্ত্রণা?
ছুঁয়েছো কখনও ক্ষিদের জ্বালা?
পেট ভরানোর মন্ত্রণা!
জঙ্গলেতে আগুন জ্বলে,
আগুন জ্বলে পেটেও;
রাজা বাদশা বসে বসে খায়,
কেউ পায়না খেটেও।
আইন বলে সবাই সমান,
সমান সবার দাবী;
জনতার নেতা ভরপেট খায়,
আমজনতা খাবি।
খাবার কিনতে অর্থ লাগে,
কাজের পেছনে ফেউ;
মন্ত্রী আমলা কিভাবে খায়,
খোঁজ নিয়েছো কেউ?
নেতার পাপে হাহাকার লাগে,
পুড়ে যায় প্রিয় দেশ;
আবহাওয়া বিভাগ জানতো সবই,
সংবিধান নিরুদ্দেশ।
আবারও যখন আসবে নেতা
বলবে তুমিই সব,
জানিও তাকে ক্ষিদের দাবী
নইলে হয়ো শব।

শাসন

আমাদের সয়ে গেছে সব।
কেউ শব হয়ে গেছে,
কেউ'বা নীরবে বেড়ে উঠছে
জীবন্ত পাথরের মতো।
একদিন ভেঙে পড়বে
গড়িয়ে চলে আসবে পৃথিবীর বুকে।
তারপর প্রচন্ড গর্জনে
চাপা পড়ে যাবে সব আর্তনাদ।
এত অনিষ্ট আর
আবর্জনা দেখেও যারা হাসছে,
কেন হাসছে জানিনা।
হয়তো অপেক্ষায় আছে,
হয়তো একদিন শব হয়ে যাবে
অথবা ভেঙেচুরে শেষ করে দেবে সব।

যন্ত্রণা

কবিতা লিখবো ভাবতে ভাবতে
সকালগুলো বিকাল হয়েছে,
প্রেমে পড়ার অপেক্ষায়
যৌবন হয়েছে বিগত।
বাইশটা জোয়ান মরদের শক্তি এক করলে
একটা বাঘের থাবা হয়।
মাত্র এক থাবা ভালোবাসার অভাবে
নদী হয়ে গেছে নালা অথবা মৃত নগরী।
আমি এমন একটা শান্তির শহরে থাকি
যেখানে শ্মশানের নিরবতাটাই আইন।
এখানে অভুক্ত পেটের ক্ষিদের বদলে ভিক্ষা পায়
একদিন সে'ও দালাল হয়ে ওঠে।
সেই কবে একটা শয়তানের মাথা ফেটেছিলো
সেই রক্তে রক্তারক্তি এখন শান্তি।
রক্তবীজের দল
হিংসা আর মিথ্যা দিয়ে থাবা গড়েছে।
শান্তি, মানবতা সবাই সেই থাবার কবলে।
চুরাশি লক্ষ যোনি পার করে মানবজন্ম।
ভুল ভুল সব ভুল,
ওটা ম নয় দ হবে।
দানবের পেটে বেশ কয়েকটা বছর।

অপরাজেয়

আগুনের গোলায় আগুন লেগেছে
তদন্তরক্ষীর দল দেশলাই হাতে
তন্নতন্ন করে উৎসের সন্ধানে।
কাছেই মুঠো ভরা মাথা হাতে
একটা পাগল চিৎকার করে গাইছে
'কুত্তার বাচ্চা ফুটফুটে সুন্দর।'

লড়াইটা হুঁশের সাথে মানের,
লড়াইটা সৃষ্টির উৎস সন্ধানে।

পরাজিতের লম্বা তালিকায়
একটাই নাম নেই।
সে নাম মৃত্যুর, সে নাম অবক্ষয়ের।
ওরা অমৃত পান করেছে
কিংবা স্বয়ং সৃষ্টিকর্তা
পরম মমতায় সৃষ্টি করেছে অনির্বাণ শিখা।

জন্মের ঋণ শোধ মৃত্যু দিয়ে
কিন্তু মৃত্যুর ঋণ!
জীবনের একমাত্র কামনা নিয়ে
অপেক্ষায় থাকা আত্মার
গন্তব্যে পৌঁছানোর দ্বাররক্ষক মৃত্যু।
সে ঋণ শোধের মন্ত্র নিয়ে
কাটাছেঁড়া করুক আস্ত একটা পৃথিবী।

মানবতার শহরে বেড়ে ওঠা মান
হুঁশ ছাড়াই মানুষের দাবী
অভিশপ্ত এ জীবনের শেষে
লুঠ করা সম্পদও বইতে শেখেনি।
পরিপূর্ণ হওয়ার আগেই
হাত গলে পড়ে যাওয়া এ পৃথিবীতে
ঈশ্বর দৃষ্টিহীন।

সংবিধান

আরও একটা মৃতদেহ পেরিয়ে এলাম।
জীবনের গন্ধ মেখে
উচ্চ কণ্ঠে গেয়ে ওঠা কবিতার খাতায়
উঁইপোকার আচরণ।
তবুও কবিতাকে বাঁচিয়ে রাখার লড়াই।

মৃতদেহগুলো আজও ডাক পাঠায়,
আমাদের কবিতা শোনাও।
কবিতাও চায় তাকে পাঠ করা হোক।
বেড়ালের গলায় ঘন্টা বাঁধবে কে?

মোটেও টুকরো টুকরো নয়
বরং নানা ফুলের সমাহার
গন্ধ রঙ আকার ও মাধুর্য
সব দিয়ে তৈরী আস্ত একটা প্রস্তরখন্ড।

উঁইদেরও ক্ষমতা আছে।
অন্ধত্ব নয় গনতান্ত্রিক পথেই
তাদের অধিকার মেনে নেওয়া হয়েছিলো।

টাকা সঙ্গে যাবেনা জেনেও
দু'পয়সার লিখিয়ের চার পয়সার লোভ
গুনগুনিয়ে রুপের গুনগান করছে।
আবারও একটা আগ্নেয়গিরি চাই।

পরমাত্মা

একটা মোটা দাগ
তার ভেতরে আরও একটা
আবারও এবং ক্রমাগত।
দিগন্তরেখা পার করে একটা মানুষ
মিনার ও একটা গাছ
ক্রমাগত সরু হতে হতে বিলীন।
আমরা প্রত্যেকে একটা ছবি, আমিও।

ধর্মের দোকানে ঈশ্বররা সারি সরি
সকলে মিলে একটা মোটা দাগ।
গভীরে যাও, আরও আরও
তুমি সরু হতে হতে বিলীন।
পরমাত্মার খোঁজে জীবনের দৌড়ে
ঈশ্বর খুঁজে পেলে
যেন, সেসব এক এবং অদ্বিতীয়।

একের পুন্যের ভাগ
অপরের ঘাড়ে চেপে জ্ঞান হারায়।
কথিত সমাজের মনে
পথ হারিয়ে স্থূলকায় হলো।
তথাপি তিনি নাকি আসেন।
যেদিন সাপ খেলো দুধকলা
বিষ খেয়ে ভক্ত
গভীরে না গিয়ে গরিব হলো।

ফিরে এসো জঙ্গল
শাকপাতা সরিয়ে
জন্ম নিক বনৌষধি।
রোগ তার নামের তালিকায়
সুরা রুপি
বিষ কেটে দেশান্তরি হোক।
তোমাদেরই লোক বলে উঠুক
তোদের চৈতন্য হোক।

তিলোত্তমা

শ্মশানের নাম শিমুলপুর।
তুলোয় শুয়েই এসেছিলো সে।
তারপর সেকি ছটফটানি।
দুরের বাড়ির তালগাছটায়
সবাই ভুত দেখতো,
ও একাই
হাত বাড়িয়ে তাল পাড়তে চাইতো।

কাদামাটির সংসারে
তখন নুন আর পাতার লড়াই।
সুতো দিয়ে গেঁথে
পরিবার গড়ার চেষ্টা।
বাঁশের ওপর ভর দিয়ে
বাসের চেষ্টা নিরন্তর।

চড়াই উৎরাই চলতেই থাকে
এবং তাল পাড়ার স্বপ্ন।
সব যখন প্রায় হাতের মুঠোয়,
একদিন তাল পাড়তে গিয়ে
মই ভেঙে কুপোকাৎ।

শতাব্দী প্রাচীন দিনলিপি
দুর্গার বিসর্জন এবং
বাঞ্ছারামের বাগানের মালিকানা পেয়েও
সুখে নেই কেউ কেউ।

শিমুলপুর ফিরিয়ে দেবে
আদরের মাকে?
হয় তাল খাওয়া বন্ধ
না হয় মই ভাঙার বিচার।
পাঁজিপুঁথির নিয়মে মেনে
আজও সভ্যতার জঙ্গলে
বিচারের বাণী নিরবে নিভৃতে কাঁদে।

শ্মশানের নাম শিমুলপুর।
শিমুলের বিছানায় শুইয়ে
ফিরিয়ে দাও আমার মা।
সে যে অভয়া সে যে তিলোত্তমা।

হরিপদ

হরিপদ ফোন করেছিলো,
বললো, আমার মায়ের নাম কুন্তী
এবং বাবা পান্ডু।
অন্ধ জেঠা মহাভারত জুড়ে থাকলেও
পান্ডুলিপিতে বাবার স্থান বিরল।
তবে কি আমার বাবাকে খুন করা হয়েছে?

হরিপদ আরও বললো,
কিসের ধর্ম যুদ্ধ?
আসলে তো সম্পত্তির লড়াই।
আমার মা'ও আমাকে
সম্পত্তির ভাগ থেকে বঞ্চিত করেছে।
তবে কি আমি পাগল?

হরিপদ জানতে চাইলো,
পরমাণু বোমায় যদি মানুষ মরে
তাহলে পরমাণুর জনক কে?
তাকে কি খুনী অথবা
মওত কি সওদাগর বলা যায়?

হরিপদ মারা যাবে
পরমাণুর আঘাতে নয় মায়ের হাতে,
একটা মানুষের মাথায়
কতগুলো পরমাণু থাকে?
কতগুলো মানুষের মৃত্যুর কারণ
একটা নরকঙ্কাল।
আমার মা কি তবে কুন্তী নয়?

সবে মাত্র খবর এলো,
ডেথ সার্টিফিকেট সাথে নিয়ে
হরিপদ কবরে যাবে।
ওর একটা প্রামাণ্য ঠিকানা চাই।
হরিপদ গোবেচারা
আজীবন কুন্তীর গর্ভেই জন্ম নেয়।

ভালোবাসি তোমায়

আমাদের একটা ঝিমলি ছিলো
সন্তুর স্বপ্নপাত্র
আমরা ছিলাম উড়ে যাওয়া মেঘ
ঝিমলিই একমাত্র।
ঝিমিয়ে পড়তে দিতোনা মোটেও,
রিমঝিম বৃষ্টির দিনেও
ছাতা ছাড়া ঝিমলির বারান্দায়
তাকিয়ে কাতর দুটো চোখ
ব্যাস্ত রাস্তা আশেপাশে ভীড়
তবুও কোথাও নেই কোনো লোক।

ঝিমলির জামায় ববির ছবি
ববি বড়লোকের ছেলে,
ঝিমলি যখন খুব ছোটো
সন্তুর হাতে লজেন্সের কোটো
কি করে ভুলবে ঝিমলি,
সন্তু কি অতোটাই এলেবেলে!
তবুও একদিন হঠাৎ
ববির বাইক পেছনে ঝিমলি
আমরা সবাই তো হতবাক।

সময় উড়ে গেছে সেই কবে
আকাশে আজ পাখিদের দেখা নেই
ঝিমলির বিচ্ছেদ সন্তুর মেয়ে
কি যে ভালো,
অমন মেয়ে, আর একটাও নেই।
সন্তু আজও আছে
এবং আমরা ওর মেঘ

অতীতের কথা মনে এলে
আজও সেই আবেগ।
তারপর হাতাশার সুরে
বাদ দে ওসব, ভাই
সেদিন, সেই সময় কি আর আসবে ফিরে!

সীমানা

একটা দাগ এঁকেবেঁকে
একটা শক্ত দরজা
অনেকগুলো পাথর চোখের প্রহরায়
দেশ এবং
দ্বেষের রুপান্তর

পাখিদের দেশ কোথায়
বদলে যাওয়া আবহাওয়া
আর শক্ত ডানায়
দেশ খুঁজে বেড়ায়

শিক্ষা সংস্কৃতির দেশ
চর্মরোগের মতো
সুযোগের অপেক্ষায়
মাথা থেকে পা পর্যন্ত পৌঁছাতে চায়

পন্যরা মশলার মতো
পৃথিবীর কড়াইয়ে পড়েই
সুগন্ধি ছড়ায়

আফ্রিকার মানুষ এশিয়ায়
ভারতীয়
ইউরোপ আমেরিকায়

সূর্য মানুষকে শিক্ষিত করে
অন্ধকার আদিমতায় ফেরায়
সূর্য চন্দ্রের দেশ খুঁজে পেয়েছো তুমি

মহাকাশে বেড়া দেবে
আলোকবর্ষ অথবা আলোর চলাফেরায়
হাওয়ার ডানা কেটে হাওয়াহীন

তবুও তোমার দেশ
তারকাঁটা ঘেরা
শুধুই বিদ্বেষ

মস্তিষ্কের দখলদারি

পুকুর পাড়ে একলা মানুষ
আরও এক মিলে
এক দুই তিন এগিয়ে গেলো
জঙ্গলে দঙ্গলে

জল চাই খাবার চাই
পাতার ঘরও চাই
টলটলে জল এগিয়ে এলো
সবুজ কোথায় ভাই

সবুজ এলো ক্লোরোফিলে
পাথর ভেঙে কয়লা
হিরে এলো হিরো হলো
জল ভরলো আঁজলা

তামা পিতল আকরিক
আর শিক্ষা বাড়লো গুণে
সেই না দেখে শয়তানীরা
প্রমাদ নিলো গুনে

কি করলে একাই খাবো
বোকা হবে সব
ধর্ম আনো ধারণ করাও
নির্বোধ উৎসব

একে একে শয়তান সব
জন্ম হারে বাড়ে
ছুমন্তর কুমন্তর
ধর্মের পাহাড়ে

শিক্ষা গেলো শক্তি গেলো
শক্ত হলো কালো
মান আর হুঁশ নিয়ে মানুষ
ধর্ম খেয়ে মলো

সুখস্বপ্ন

সেই কবে শেষের কবিতা
লাবন্যের প্রেমে পড়ে
উথালপাতাল মন

প্রেম কাকে বলে
সে কি শরীর, নাকি
সমুদ্রে ডুবে শীতল জখম

কতবার ভেবেছি
তোমাকেই চাই
ছুটে গিয়েছি বারবার

পৌঁছাতে পারিনি
অন্নের অভাব এবং
পরাজয়ের অহংকার

অন্ধকারে গাছের গায়ে
মন দিয়ে মন বেঁধেছি
ভালো রেখো ওকে

সে আসেনি
হারিয়ে না গিয়েই
ছুঁড়ে দিলো কেটি মিত্র কে

আমি এবং আমাদের
ভালো বাসার সংসার
সুখস্বপ্নে ডুবে আছে

লাবন্য তুমি কোথায়
পথ চেয়ে বসে থাকা
মন বাঁধা সেই গাছে

কালাপানি

নরকে ছিলাম ভীষণ ভীড়ে
নরকগুলজার
চমক ধমক আরো যতসব
সবই করেছি পার

যমরাজ, সেকি হিন্দু নাকি
রোজা নামাজও পড়ে
পুরুষ নাকি সেই শয়তান
নারী হয়েও ওড়ে

প্রথম দিনেই বললো এসে
কি কি ভালো লাগে
বললাম গান আর শান্তি,
নিয়ে যা পাগলটাকে

বললো তোকে স্বর্গ দেবো
দেবো অগাধ ধন
স্বর্গ সুখই মনের বিলাস
স্বপ্ন দেখে মন

পেয়েছি সেসব, শুদ্ধ নরক
অসভ্যতার ঢেঁকি
তবু মন বলে কোথায় যাবি
সবটা সমান ফাঁকি

ঘুম ভাঙলো ছেঁড়াকাঁথায়
খবরে দুর্নীতি
স্বর্গ নরক সব মিথ্যা
মেরে খাওয়াই নীতি

নকশীকাঁথায় জন্ম আমার
নকশায় বাঁচি বাড়ি
নকশা করেই কাটছে জীবন
ভাবের ঘরে চুরি

যাত্রা পালা

আত্মাকে শরীরের বাইরে
বের করতে পারবে?
তোমার ঈশ্বর কে!
এরকমই প্রশ্নের ভীড়
অথবা গম্ভীরতায়
চমকে ওঠে একটা জীবন

অনেকটা পথ হাঁটার পরে
সুখী গৃহকোণের স্বপ্নে মশগুল
আস্ত কয়েকটা জীবন
পূর্নিমার চাঁদের দেশে
অনাবশ্যক আঘাতে জর্জর
মাটির হাতছানি

জরার হাতে ধরা পড়ার আগেই
ব্যাধির খাঁচায় আবদ্ধ
এক এক করে একাকী নগ্নতা
যখন চিৎকার করে মানুষ খোঁজে
ভেসে আসে আকাশবাণী
আত্নার সাথে আত্মগোপন না করে
আত্মাকে মুক্ত করো

সাধনা শেষে আত্মা মুক্ত হলো
এই তো জীবন
একাকী আসার পর
একাকী যাওয়ার অপেক্ষায়।
পারছি আমি
চিনতে পারছি দুনিয়া

এ ধরা আসলেই রঙ্গমঞ্চ
রঙমহল ছেড়ে
আত্মার সাথে একাকী হও

সাঙ্গ করে সব খেলা
যতসব সম্পর্কের মেলা
চরৈবতি

মায়া

এই যে শোক
কেন হয় সে উথাল-পাতাল বুকে
কেন নীরবে শব্দের বেগে
ডুকরে উঠে
চোখের কোণ ভেজায়

এই যে ছেড়ে যাওয়া
কোথায় কেন কিভাবেই'বা
কোন অপরাধে
এহেন সাজার বিধান
আছে কোন উপাখ্যানে

এই যে একাকী
চোখেমুখে তোমায় মেখে
পরাজয়ের ঔষধে মাথা ভারি
ছেড়ে গেলে
তবুও ছাড়া হলো না সে বিষন্ন সঙ্গীত

এই যে স্বান্তনার ভাষা
সময় শেষ তাই
কিন্তু সময় মাপার যন্ত্র নেই কেন
কোন শাস্ত্র সূত্র মেনে
শেষের ঘন্টা বাজায়

সবটাই বোকাবোকা
আসলে তো সবাই একা
শুধু চলে আসাযাওয়া
তার মাঝে যতটা পাওয়া
সেসবই মায়া
ভালোবাসার অপর নাম
জড়িয়ে যাওয়া

বিজয় দিবস

সাতচল্লিশের ঘৃণা ভরা ভাষণ
আঘাত করে ছিলো গর্ভে।
যেভাবে বিয়াল্লিশের নয়ই আগষ্ট
আগুনের ছোঁয়ায় গর্ভে এসেছিলো স্বাধীনতা
নিরন্তর লড়াই এবং শান্তির পথে
ক্রমাগত এগিয়ে যেতে যেতে
জন্মেছিলো পনেরোই আগষ্ট।
এক নয় তিনটে সন্তান
এবং মুহুর্তেই ছুঁড়ে দেওয়া ঘৃণা
আবারও যন্ত্রণা আবারও গর্ভধারণ
আবারও স্বযত্নে লুকিয়ে রাখা
অভাব ও অন্ধকারেও
দৃঢ় সে প্রত্যয়
বিশ্বের সেরা তীরন্দাজের তীব্র দৃষ্টি
পরাজিত অথবা পলায়নকারী
একাকী সাহস আর বিশ্বাসের ভর করে
আবারও প্রসব
আবারও স্বাধীনতার জন্ম।
স্নেহ সদাই নিম্নগামী
যে আঘাতে আকরিক লোহা হয়
কালো সোনা উগরে দেয় ধরনী
সেই আঘাতেরও প্রত্যাঘাত হয় ভালোবাসায়
ঈশ্বরের বর ষোলোই ডিসেম্বর
ভোগ করো বিজয় পতাকা
ভাগ কোরো না।

অলীক

আস্ত একটা সকাল বুকে নিয়ে
পাহাড়ের পেছনে লুকিয়ে পড়া
চাঁদের অন্বেষণে গেলাম,
পথের দু'ধারে লক্ষ কোটি কঙ্কাল।
ওরাও নাকি...

পৃথিবীটা এক অলীক সেতু
এখানে যে প্রাণ হাতে নিয়ে
প্রাণীরা প্রবেশ করে
সেই প্রাণ ঝেড়ে ফেলেই কঙ্কাল হয়।
অদৃশ্য মায়া মমতা আর ভালোবাসায়
আটকে থাকা খানিকটা সময়
সেসবই নাকি প্রাণের মেলা।
হিংসাও থাকে আনাচকানাচে,
বেঁচে থাকে তার খেলাও।
শেষে সে'ও,
প্রাণ নিয়ে প্রাণ হাতে পালায়।

নৃশংসতা বিচার পায়না,
মেরুদণ্ডহীনেরা যুক্তি দিয়ে মুক্তি দেয়
তৈরী হয় অসভ্যতার দলিল।
সব জেনেও আবারও প্রাণ সাথে প্রাণ আসে
নতুনের স্বপ্ন নিয়ে
ফলে ফুলে ঘাসের ডগায়।

বরাভয় বুকে নিয়ে
যুক্তির কোলে লালিতপালিত
আমি আজ পরাজিত।

হে আমার উত্তরাধিকার
আমার পরাজয়ের গন্ধ নাও।
লালিমার সাজে
গায়ে মাখো যাবতীয় কালিমা।
স্বার্থপর দৈত্যের বাগানে ফুল ফোটানোর দায়
ভেবে দেখো পারবে কিনা।

আমার যাবতীয় অর্জন
তোমাকে পুরস্কৃত করার অলীক স্বপ্নে মশগুল।

নিশির ডাক

ফিরে যাবো
এ পৃথিবী ক্রমশ ধুসর হবে চোখে
অনন্ত জ্ঞান আর আশার আলোরা
আবারও পরাজিত হবে আমার হৃদয়ে

সে ছিলো এক মহানন্দের দিন
শেষ বার মৃত্যুর পর মানের এক পাহাড়ি নদী
আনন্দের বন্যায় ভেসে
হুঁশ বেয়ে নেমে এসেছিলো এ ধরায়

কতশত চেষ্টা আর জ্ঞানের বৃত্ত দিয়ে ঘেরা সে শরীরে
অশ্রুর বেশে অগণিত বৃষ্টির ফোঁটা
যন্ত্রণারা ক্লান্ত হয়ে ছেড়ে যেতে চেয়েও পারেনি
শত সম্পর্কের সমাবেশে সবটাই ঘেউঘেউ

অবশেষে বিরক্ত রিক্ত ক্লান্ত
স্থাবর অস্থাবরের আস্তাবল ভেঙে
আচমকাই উধাও মলিন শরীর
আর নয়, এবার দাও বিদায়।

সর্দার জী

(ডঃ মনমোহন সিং স্মরণে)

আমি কাঁদিনি।
অশ্রু মানেই যন্ত্রণা নয়।
ভুলে যেওনা,
আনন্দেও অশ্রু আসে চোখে।

শোক তো তাদের
যারা দোষী করেছিলো
শোক তো তাদের
যারা হাড়মাস খেয়েও অভুক্ত হৃদয়ে
সর্বনাশী হাহাকারে বিদীর্ণ করেছিলো আকাশবাতাস
শোক তো তাদের
যারা ঔরসে বিষ ঢেলে
বিষাক্ত করে দিলো জন্মভূমি।

তোমার আগমনে
দেখেছিলাম নীল জল
পান্না হীরে চুনীরা সাঁতার কেটেছিলো সে জলে
সবুজে রাঙানো মাটিতে ফুটে ছিলো স্বর্ণকমল
তপ্ততা ভুলে
দুহাতে রঙ বিলিয়ে ছিলো সূর্যের বিকীরন।

হে স্বামী,
তুমি অন্তর্যামী ভবিষ্যৎ দ্রষ্টা।
বাতাস যতই দুষিত হোক
আলো জ্বেলে রেখো হৃদয়ে
আবারও যেন সূর্যের দেখা পাই।

মৃত্যুহীন প্রাণ

(রতন টাটা স্মরণে)

জন্ম মুহুর্তেই তোমার
মৃত্যু লেখা হয়েছিলো।
তবুও তুমি মরলে কোথায়?
চেয়ে দেখো চারদিক
শোকে দুখে যন্ত্রণায়
সকলি তোমাতে ধায়।

আকাশের তারা খসে
তারারা কোথায় যায়!
তুমি তো তারাই ছিলে
এ ভারতের ভাবধারায়।
চেয়ে দেখো চারদিক
সকলি তোমাতে ধায়।

ওহে মূর্ত, তোমার প্রতিমা হবে
হয়তো মন্দিরও
আনাচে কানাচে হেথায় হোথায়
তুমি তো তারাই ছিলে
তারাদের মিছিলে
এ ভারতের ভাবধারায়।

ঝড়ের পরে

পৃথিবী থেমে যায়নি
সরে যায়নি তার কক্ষপথ থেকে।
প্রকৃতির ডাক না এলে
আহ্নিক গতি বার্ষিক গতির
গতি বদল অসম্ভব।

ঈশ্বর, ওপরওয়ালা, কত যে নাম
কোথায় তার ধাম,
তিনি কি সত্যিই পাঠান?
তাহলে তার প্রিয়তমদের
খেয়াল রাখে কোন জন?

চাওসেস্কু ইদি আমিন হিটলার
এবং আরও যত কিম্ভুত কিমাকার
কে পাঠায় ওসব আবর্জনা!
নাকি দেখিয়ে অন্ধকার
আলোয় ফেরানোর দরকার!

সবটাই ধোঁয়াশা
তবুও মনে জাগে আশা
একদিন সূর্যের ভোর আসবেই।
ধৈর্য্য ধরো বন্ধু
সর্বহারা, ফিরে পাওয়া ছাড়া
কেনই'বা পাড়ি দেবে গঙ্গা সিন্ধু!

আবারও সবুজ ক্ষেতে কিষাণ
আর শ্রমিকের হাতে শিল্প
শিক্ষা পাবে যৌবন
সাথে ঠাকুমার মুখের গল্প
ফিরে পাবে সব।
শুধু একবার বলো
মাতৃভূমির সকল নাগরিক আমার ভাই,
আমার আত্মার আত্মীয়।
আমি মানুষ আর মানবিকতা আমার উৎসব।

শেষ প্রান্ত

অনেকেই খুঁজেছে খুঁজছে খুঁজবেও
তবুও কি পাবে গোলের তল
অথবা শেষ প্রান্ত
যুগে যুগে সম্রাট বাদশা কিং কুইন
গরীবগুর্বো বিদ্যান অর্বাচীন
মানুষ নাকি ঈশ্বরের শ্রেষ্ঠ সন্তান
অঙ্ক জ্যামিতি পরিমিতি
ইতিহাস ভুগোল বিজ্ঞান
আরও যত আতিপাতি কোনা চিপা
আজও সে ফেলতে পারেনি পা
তবুও খুঁজে চলেছে সেই স্থান
মহাবিশ্বের কোথাও খুঁজে পেলেই হবে যে মহান
এক সমুদ্র জল দিয়ে মাপা হবে সে জয়
যদি একবার পাওয়া যায়
বলা হয় সে আছে
এবং ঘোষিত হয় সমাজে
এই শেষ
হয় কি তাই
তার চেয়ে চলো
শুরু করি এগিয়ে যাওয়ার খেলা
তোমার পর অন্য কেউ
অন্য কারও পালা
শেষ হতে দিও না প্রকৃতির বিষ্ময়
চন্দ্র সূর্যের সাথেই যে সর্বদা রয়
ধূলিকণা কি পারবে তাকে ঢাকতে
চাদরে মুড়ে রাখতে!

বিচ্ছেদ

আমাদের বিচ্ছেদ হয়েছে
এবং কয়েকটা রাত উত্তীর্ণ।
বাড়িতে আমি একা তাই
সবেমাত্র মদের গ্লাসটা শেষ করলাম।

শীলা সেদিন ঠিকই বলেছিলো,
আমাদের বিয়েটা
সময় মতো হয়ে গেলে...
তোমায় এত কষ্ট সহ্য করতে হতোনা।

বিয়ের দিন টোপর পরার সময়ে
ওটা হাত থেকে পড়ে গেছিলো।
আমি শেষের কবিতা শুনতে শুনতে
আবারও এক গ্লাস...
তোমার কথা মনে পড়ছে যদিও
তোমারও কি!!

শুনলাম তোমার বাবা অসুস্থ
কিন্তু কোন মুখে দাঁড়াবো?
ভাগ্যিস আমাদের কোনো সন্তান নেই।
সেদিনও নেশার ঘোরে গ্লাসটা হাত থেকে...

তুমি তো জানো
রেললাইন আমাদের বাড়ির কতটা কাছে।
কুষ্ঠিতে নাকি লেখা আছে
আমি শতায়ু হবো।
কি জানি, বিরহ কতদিন থাকে!

দোষটা ভোগবাদী ব্যাবস্থার
অথচ তুমি কোর্টে কিসব লিখেছিলে।
আমি নাকি বাচ্চার বাবা হতে...
আমার তো দাদু হওয়ার শখও ছিলো।

একটা কথা জানতে চাই।
উত্তর দেওয়াটা তোমার দায়িত্ব।
চুরাশি লক্ষ যোনি পার করে
সত্যিই কি আমরা মানুষ হতে পেরেছি?
কে মিথ্যা শাস্ত্র নাকি তুমি-আমি?

পরদেশী

পৃথিবী ছাড়ার আগে সিদ্ধান্ত নাও
আত্মার রথে চেপে
মঙ্গল নাকি শনি
কার ঘরে উঠবে তুমি।

মোবাইলটা নিও সাথে
ডান বাম যেকোনো হাতে
হঠাৎই বদলে যাবে দেশ
ঠিকানা পৃথিবীর পরদেশ
ফলে ফুলে মাটি অথবা হাওয়ায়।

বাউল হয়ে থেকে যেও
চিরতরে পর্দার আড়ালে
যেভাবে আজও আছো
কালে এবং সকলে।

সামাজিক যোগাযোগ রেখো
সমাজ বহির্ভূত জীবের ছদ্মবেশে
খবর নিও ছেড়ে যাওয়া মানুষ গাছ
অবলা আর অনাগত জীবনের।

পরকাল হয় নাকি!
যদি হয়, অথবা সে রয়ে যায়
তুমি রবে সেকালেও
হৃদয়ে জমাট বাধা
আবেশেও মীরার বেশে অথবা রাধা।

জীবন দৌড়

আমি আর দিন গুনি না,
বার কিংবা তারিখ
ঘন্টা সেকেন্ড মিনিট
প্রতিটা মুহূর্তই অব্যক্ত যন্ত্রণা।
মৃত্যু আমাকে কথা দিয়েছে
সময় পেলেই
নিয়ে যাবে ওর কাছে।
সেও এক অব্যক্ত যন্ত্রণা।
কিভাবে হবে সে যাত্রা অথবা
শেষের সে দিনগুলোয়
কপালে কি লেখা আছে!
জ্বরা ব্যাধি মৃত্যুর খোঁজে
গৌতম থেকে অনজন।
ঋষি মুনি পয়গম্বর মুর্শিদ
লাখো মানুষের আর্তি, জানার তাগিদ
তন্ত্র মন্ত্র শ্মশান কবরস্থানে
কেউ খুঁজে পায়নি,
তাই আমি আর দিন গুনি না।
মায়ের কাছে জন্ম মুহূর্ত চেয়েছিলাম,
আরও এগিয়ে
বাবার কাছে ভ্রুণের জন্ম মুহূর্ত।
ওরা জানেনা,
এ পৃথিবী পাপ শিখিয়েছে
সৃষ্টিকে ধঝতে শেখায়নি।
এরপরেও বেঁচে থাকাটা অভিনয়।
চন্দ্রবিন্দু সরিয়ে রেখে
আঙুলগুলো, মজ্জা এবং মস্তিষ্ক
বেচে দিয়ে যা কিছু পাওয়া যায়।

চন্দ্রবিন্দুটা একান্তই আমার
আমার মৃত্যুর প্রমাণ।
উত্তরাধিকারের কাছে
আমার আত্মসমর্পণ।
চলে যখন যাবোই
আমি আর দিন গুনি না।
বার কিংবা তারিখ
ঘন্টা সেকেন্ড মিনিট
প্রতিটা মুহূর্তই এক অব্যক্ত যন্ত্রণা।

ভারতভূমি

আমার চোখের জল
ভালোবাসা অভিমান যন্ত্রণা,
নয়নের মনির সাথে
তোমার আজন্ম অধিকার।

রক্তমাংসের সম্পর্ক
রঙের বাহার,
লম্বা কিংবা স্থুলকায়
বাঁচা বাড়ার যাবতীয় খাবার।

তোমার দেহে রক্ত নেই
তবুও মিশে আছো শরীরই।
ভাষা নেই, জাত ধর্ম
মানবিকতার আধার নিয়ে
উদাত্ত কন্ঠ তোমার সুরেই।

তোমার দেহে কৃষ্ণ বাঁশি
বিসমিল্লাহ আর হরিপ্রসাদের গলায়,
তানসেন হয়ে মির্জা গালিব
তোমার বুকেই স্থান পায়।

তুমি ধর্ম তুমি অধর্ম
পাপপুণ্যের আধার,
জন্মেছি তোমার কোলে
মিশে যাবো আবার।

তুমি নদী, পর্বতমালা
আগ্নেয়গিরির ঝলমলে আগুন,
সুন্দরবন জিম করবেট গির
পাহাড়ী ফুল পাখি আর জংলী সেগুন।

তুমিই আদি তুমিই শক্তি
তোমাতেই থাকি রামায়ণ মহাভারত,
যুগে যুগে তুমিই শ্রেষ্ঠ
হে মোর জন্মভূমি, হে আমার ভারত।

সংখ্যালঘুর পৃথিবী

অল্প কিছু পেশী
আরও একটু বেশী
আরও আরও আরও
হল্লাবাজীর হাত ধরে
রক্তচক্ষু ভর করে
রাজনীতি দিয়ে রাষ্ট্র হাতিয়ে নেয়।
একদিন এভাবেই
অভিনয় কুকীর্তি কুকথার অভিধানে
সংখ্যাগুরুর জন্ম হয়েছিলো।

বাকী থাকা বাকীসব
দর্শক কিংবা বোকাবোকা কুশীলব
কাউকে হতে হয় শব
অথবা প্রাণ হাতে সংখ্যালঘু।

সভ্যতার ইতিহাসে বিবর্ণমুখ সেজে
মানবতার পাঁশুটে চেহারার শহীদ বেদীতে
মাল্যর্পন করে
যুগে যুগে ক্ষমতার হাত পরিবর্তন হয়,
ভাষণ শাসন করে,
দুটো হাত হৃদয় পেতে ভাত চায়।
এক মস্তিষ্কহীন মুন্ডু
সময় অপচয় করে অপরের মুন্ডুপাত করে।
বদলে যায় ইতিহাস বদলে যায় আইন,
গোবরের পচা গন্ধে বদলে যায় সবকিছু
শুধু সংখ্যাগুরু এক থেকে যায়।

মদিরা

মনের বয়স যখন আমার ছয়
ঝোপঝাড় জঙ্গল খুঁজে
খানিকটা অনুভূতি এনেছিলাম
বুকে নিয়ে ভয়।
তারপর পাহাড়ের গায়ে
খুঁজে পেলাম আরও,
সমুদ্রের জলে নেমে শেষ যতটা সঞ্চয়
সবটা এক করে একমুঠো হয়
একরোখা একমুঠো সে ভালোবাসা
বুকে ধরে দিয়েছিলাম তোমায়।

সত্যিই তুমি মৌসুমি
মরশুমি ফুলের মতো
টগর জবা নীলকণ্ঠের হাত ছাড়িয়ে
প্রখর গ্রীষ্ম কিংবা প্রবল বর্ষায়
আমি যখন আর্তনাদে
আসোনি তুমি সারাতে আমার ক্ষত।
প্রবল শীতের আগে হিমেল হাওয়ায়
দাওনি দেখা তখনও একাকী কিছুক্ষণ।
আজ যখন এই শীত ঝঞ্ঝায়
তোমার উষ্ণতার জন্য নিবিড় হচ্ছে মন
কোথায় তুমি! আমার আকুল মন।
অদৃশ্য হওয়ার আগে অপেক্ষায় থাকবো
শেষ মুহূর্তে হলেও
তোমার উষ্ণতায়
আবারও ফিরে পাবো নতুন জীবন।

শেষ দাবী

মৃত্যুর কাছাকাছি এসে শেষ পারানির গান
তবুও মায়ায় জড়িয়ে আছে প্রাণ
যেতে হবে জেনেও ছাড়িতে নাহি চায়
কিন্তু উপায়!
সেই তো কবেই ছেড়ে গেছে অতীত
ছেড়ে গেছে শৈশব প্রার্থনা সঙ্গীত
আরও যত বন্ধু এবং বান্ধব
হয়তো স্বার্থ অথবা মনের ভুলে
দুরে সরে গেছে সেসব
এসেছেও নতুন
স্ত্রী সন্তান এবং পরিচিতির গুণ।
দোষ কি কিছুই নেই!
দাবীদাওয়া রোজগার অব্যক্ত লোভেই
জড়িয়ে গেছে মন
তবুও যেতে হবে, ছেড়ে সব ধন
দিনের শেষে হিসাব মেলাতে গিয়ে
এদিক ওদিক পকেট হাতড়িয়ে
খুঁজে পেয়েছি মোহ মায়া
সে এক অদৃশ্য ছায়া
সবই অদৃষ্ট আমার
অকারণেই ছড়িয়ে ছিটিয়ে একাকার।
ছেড়ে দেবো ওদেরও
ফিরে যাবো একা, দুরে আরও দুরে
মরীচিকা এড়িয়ে মরুভূমির ওপারে।
দিগন্তরেখা, শুনতে পাচ্ছো আমার আর্তনাদ!
ভয়ে কম্পমান তবুও তোমাকে ছোঁয়ার স্বাদ।
একবার বলো, কোলে তুলে নেবে আমায়
ভুলে যাবো সব, পেলেই তোমার আশ্রয়।

আমার মৃত্যুর পরে

কাঁচের গাড়িতে দুজন হলেই চলে
চোখদুটো, কিডনি হৃদয় যেওনা ভুলে
নিয়ে নিও আরও যা কিছু প্রয়োজন
তুলে দিও রোগীর আঁচলে
স্বযত্নে, আমি যখন আমার অস্তাচলে।

চুরাশি লক্ষ যোনি
লক্ষ বছর ধরে
মানুষ হওয়ার হাতছানি
ভ্রূণ থেকেই মানুষ হবার লড়াই
হয়েছিলাম কি, কি জানি!

জাত ধর্ম পদবি পরিবার
ভারী ভারী চাদরে একাকার
হাজারো সম্পর্ক সম্পদ
শিক্ষাদীক্ষা সব পেয়েছি আমি
শুধু মানুষ হতে পারিনি

অমুকবাবুর ছেলে তমুক বাবুর নাতি
মান আর মন দিয়ে খুঁজেছি হুঁশ
এদিক ওদিক আতিপাতি
পেয়েছি আদর, মখমলের চাদর
লাফিয়ে ঝাঁপিয়ে শেষে সবকিছুর ইতি

চলে যাবো একাই
হয়তো কষ্ট হবে তোমাদের ছড়াতে খই
হলে, সেসব বাদ দিতে পারো
নর্দমার ধার আস্তাকুঁড়ে যেখানে পারো
ছুঁড়ে দিও, না করে হইচই

আবারও চুরাশি লক্ষ
যোনি অথবা স্থায়ী নির্বিকল্প
মুছে দিয়ে নাম পরিচয়
খুঁজে নেবো নিজের আশ্রয়
ভুলে যেও, খুঁজে নিও বিকল্প।

অরণ্যের প্রাচীন প্রবাদ

অনতিদূরে মানুষের জঙ্গল
হাঁস মুরগি ও ভেড়াদের মিলিত দল
ক্রমশই এগিয়ে আসছে।
ওরা শুনেছে ঈশ্বরের বানী
জেনেছে তাঁর সর্বোচ্চ সৃষ্টির কথা
কৃতজ্ঞতা জানাতে নিবিষ্ট করেছে মন।

হঠাৎই হইচই
এবং তারস্বরে ঘোষণা
মানুষের ঈশ্বর আসছেন।
জয়ধ্বনি বিদীর্ণ করছে আকাশ
স্তুতির ভীড়ে সত্যি হারিয়ে মন উদাস।

ঈশ্বর আবির্ভূত হলেন
হুড়োহুড়ি আর ভীড়ের চাপে
হুঁশহীন গাজোয়ারি
প্রাণ হারনোর সংখ্যা বেড়ে সাতে
নিকম্মা হুঁশিয়ারি উধাও হলো তাতে।

প্রাণীদের দল ক্রমশই জঙ্গল ঘনিষ্ট
ঈশ্বরকে চাক্ষুষ করা যাচ্ছে,
তিনিও নজরে নিলেন এবং আকাশবাণী
দেশ বাঁচাতে রক্তের রাসলীলা চাই
অবলাজাতি একে একে বন্দী।

এক দুই তিন করে ভবলীলা সাঙ্গ
কাতারে দাঁড়িয়ে যারা
ঈশ্বর সাক্ষী রেখে রক্তস্নানে নেমে
এই তোমার লীলা?
জেনে-বুঝেই বিশ্বাস দিলে ভেঙে।

যারা চলে গেলো তাদের পরজন্মে
হয়তো মানুষ হবে অথবা হিংস্র
তাদেরও ঈশ্বর হবে
পুজো হবে মানুষের রক্তে
ঘড়ির নিয়ম মেনে
বারোর কাঁটা ছয়ের ঘরে চাই।

অলিভ গ্রিন

ওরা একঝাঁক
প্রকাশ হয়েই প্রবল চাপ
টেস্টটিউবে বাঁচতে হবে
নিয়ম মেনেই বাড়তে হবে

কে বানায় নিয়ম
নিজেরাই অনিয়ন্ত্রণ
তবুও যন্ত্র পেতে মন্ত্র আওড়ায়
সমাজের মশিহা হতে চায়

ওরা ভাঙে নিজের হাতে
অহংকার আর অতৃপ্তির আঘাতে
বোঝেনা অপরের মন
চাহিদা যক্ষের ধন

আরও চাই, কিন্তু কেন
হাবেভাবে সবজান্তা যেন
জীবন জুড়ে আফশোস
তবুও ছুঁতে চায় আকাশ

ওরা নির্মম
বেঁচে আছে যতক্ষণ
ভবিষ্যতের ঘাড়ে দিয়ে চাপ
বোধহীন নিরুত্তাপ

কি করবে ভবিষ্যত
দিয়েছে কি নাকে খৎ
তবুও অলীক বোঝা বয়
ঘড়ির কাঁটার সাথে কমছে সময়

আকাশ ছুঁতেই হবে
না হলে যে কি হবে
তবুও ওরা সদাই স্বচেষ্ট
যত কষ্টই হোক, পেতেই হবে কেষ্ট

সব শেষে পিরামিড
ওপরে গুটিকয়েক নিচে কঠিন ভিত
খরচ করে জীবনের সবটাই
সবাই মিলে একটাই

ওরা রাজ করে
বিশ্ব জুড়ে তেপান্তরে
শেষে একদিন, এক দেহে হলো লীন
মিলেমিশে অলিভ গ্রিন

কালো সুড়ঙ্গ

এক ষোড়শী কন্যাকে
দত্তক নেবে নকল বাবা মা।
জানো, সুপাত্রস্থের ছবি দেখিয়ে
দশ টাকার কাগজে
মানুষ বিক্রি থুড়ি দত্তক নেওয়া যায়!
হয় গো হয়,
তোমার বেড়ার পাশে এমন কান্ডও ঘটে,
তুমি সেসব জানতিও পারো না।
ওদিকে মহাকুম্ভের আবাহনে
আকন্ঠ নেশাতুর উদ্বাহু হাত
পূণ্যের ভীড়ে পুড়ছে আকাশ বাতাস
কৃত্রিমতার অনুগ্রহে ঈশ্বর জ্যোতির ছটায়
ভগবান সয়ং প্রকাশিত।
কি চাই, সন্তান সংসার সঙ্গী অথবা স্বর্ণখাজানা,
আরও যা কিছু লোকান্তরেও ভোগ্য
সব আছে সব।
শুধু নীরবে শব হতে হবে
আকন্ঠ বিষ গিলে
যক্ষের ধন তুলে দিতে হবে গুরুর পাদপদ্মে।
সে কিশোরী উত্তরণে আজ সেবাদাসী।
নগরবধু শব্দটা বড়ই কর্কশ
বরং সে ফুল বেচে উপার্জন করুক রাক্ষসের দল।
দূষিত বাতাসে ভ্রমরও পথ হারিয়েছে
শ্রীকৃষ্ণ বিচ্ছেদের অনলে
রাধার জ্বলে যাওয়া অঙ্গের যন্ত্রণা
আর তাকে স্পর্শ করেনা।

www.ingramcontent.com/pod-product-compliance
Lightning Source LLC
LaVergne TN
LVHW010103061026
849532LV00008BA/2944